DOMINA TU LENGUAJE CORPORAL

Las claves para mejorar tu comunicación no verbal

Por Rosanna Gangemi

Traducido por Laura Bernal Martín

LAS CLAVES PARA EL ÉXITO

EL LENGUAJE CORPORAL, ESE VALIOSO ALIADO

- **¿Problemática?** ¿Cómo comunicar de manera coherente y convincente gracias a la fuerza de las palabras y del cuerpo?
- **¿Utilidad?** Dado que el lenguaje corporal forma parte integrante de la comunicación diaria, gestionarlo bien permite expresar solo aquello que deseamos para ser lo más profesional posible en el trabajo. Asimismo, cuando comprendemos su mecanismo nos resulta más fácil descifrar el comportamiento de nuestros compañeros y escucharlos.
- **¿Contexto profesional?** Entrevista de trabajo, presentación, negociación, gestión de la clientela, contactos sociales en una empresa, etc.
- **¿Preguntas frecuentes?**
  - ¿Cómo camuflar mi ansiedad para que parezca que confío en mí mismo?
  - ¿Cómo eliminar los tics que captan inútilmente la atención de mi interlocutor?
  - ¿Qué actitudes hay que evitar para hacer que un colega en una posición jerárquica inferior se sienta a gusto?
  - ¿Cómo convencer a un cliente de que mi producto es el mejor?
  - ¿Cómo presentar un proyecto delante de mis colegas?
  - ¿Cómo descifrar el comportamiento de mi interlocutor?

  El cuerpo no es mudo… pero habla sin que nos demos cuenta.

¿Quién no ha repetido hasta la perfección un discurso para una entrevista y quién no se ha encontrado, a pesar de todo, en una mala postura una vez delante de su interlocutor? Si una situación así no te resulta ajena y no dominar todos los parámetros del mensaje que transmites te desanima, no te preocupes, porque es posible aprender a ajustar las sutilidades del lenguaje corporal para lograr tus objetivos.

Como parece que tu expresión facial, tus gestos y tu postura tienen tanto poder de persuasión como tu discurso verbal, es esencial detectar los elementos que un determinado día pueden jugar en tu contra y que transmiten un estado mental, una emoción o quizás una realidad muy bien fijada en tu inconsciente. Porque existe una delgada frontera entre una reunión que acabe en fracaso y un mitin en el que logres dejar a tu audiencia con la boca abierta gracias al carisma y a la atracción que desprendes. En este caso, la expresión del lenguaje corporal actúa como un elemento que incita a validar o a invalidar la impresión que inicialmente le has transmitido a tu público. En el póker, estas señales son parásitos llamados *tells*, porque le permiten a los jugadores adivinar las intenciones de sus adversarios. De la misma forma, en el ámbito de la seducción, el interés que sientes por una persona puede verse confirmado gracias a microexpresiones muy concretas (concepto desarrollado por el psicólogo estadounidense Paul Ekman, nacido en 1934).

En el mundo profesional, en el que las relaciones se basan a menudo en un conocimiento superficial del otro, el dominio —ciertamente relativo, porque es imposible que controlemos todos nuestros comportamientos— del lenguaje corporal reviste de una enorme importancia. No nos sorprenderá constatar que las personalidades públicas, los políticos y los mánagers le tengan tan alta estima a la comunicación no verbal. Estos últimos trabajan sin cesar en su expresividad para lograr llamar la atención y finalmente para convencer, a menudo valiéndose de los servicios de «especialistas en el lenguaje no verbal».

Aprende a hablar este idioma para que su vocabulario deje de ser un secreto para ti.

EL ABECÉ DEL LENGUAJE CORPORAL

«No es posible no comunicar» (Watzlawick, Beavin y Jackson 1972).

Nuestro cuerpo envía constantemente información, constituyendo así un modo de comunicación completo: el lenguaje corporal o *body language*. Este permite subrayar, reforzar, matizar e incluso contradecir lo que expresamos a través de las palabras. Esta comunicación corporal —ya sea voluntaria o no, visual (gestos, postura, etc.) o vocal (tono de voz, velocidad de dicción, etc.)— se produce mediante el tacto, la palabra, las vías hormonales, mediante los gestos y los movimientos interpretados correctamente gracias a que se comparte una misma cultura.

LAS 3V DE LA COMUNICACIÓN

Algunos gestos anodinos pueden decidir una trayectoria, como lo indica una encuesta realizada en Francia (2012) por el cazatalentos *OfficeTeam* a 200 directores de recursos humanos. Nos enteramos de que, en una entrevista de trabajo, el 90 % de los directores de RR. HH. afirman mostrarse sensibles a los gestos y a la postura de los candidatos. Estos resultados coinciden con uno de los estudios clásicos en la materia, el de Albert Mehrabian (psicólogo estadounidense de origen iraní, nacido en 1939) que avanza que un mensaje emocional (sentimiento o estado de ánimo) sigue la regla de las 3V y comprende:

- 55 % de no verbal (comunicación visual);
- 38 % de paraverbal (comunicación vocal);
- y solo 7 % de verbal (contenido).

La transmisión de un mensaje emocional

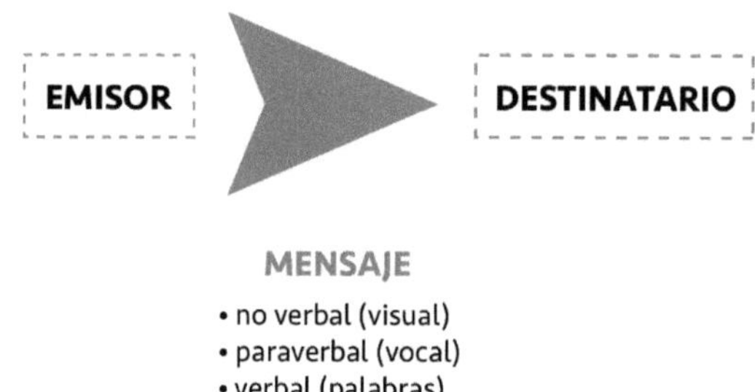

Cómo mejorar la comunicación con el lenguaje corporal ©50MINUTOS.es

Sin embargo, hay que matizar estas consideraciones, ya que generalmente no aparecen en todos los discursos neutros (observaciones técnicas, clases, etc.).

LA CONGRUENCIA

Para optimizar la comunicación, estas tres formas de lenguaje deben ser coherentes. Si se envían al mismo tiempo dos discursos procedentes de dos canales diferentes y que ofrecen indicios distintos, es más que probable que el destinatario no reciba correctamente el mensaje global. Por ejemplo, no se recomienda darle un apretón de manos a alguien murmurando «buenos días» sin mirarle, ni decir «estoy de acuerdo con su propuesta salarial» mientras rehúyes la mirada de tu interlocutor, tampoco que te pongas la mano delante de la boca o que sonrías falsamente.

DESCIFRAR LAS SEÑALES CORPORALES (NO VERBALES Y PARAVERBALES)

Ahora que somos conscientes del poder de persuasión del cuerpo, analicemos la gramática de las posturas y de los gestos más reveladores, dividida en actitudes corporales positivas y negativas. No obstante, cuidado, porque algunos gestos pueden tener varios significados diferentes dependiendo de la situación.

Finalmente, más allá del hecho de que este procedimiento te permitirá aprender nuevos aspectos de tu comunicación, tendrás que recordar que conocer las señales corporales también debería ayudarte a descifrar el comportamiento gestual de tus interlocutores. Apoyándonos en las numerosas investigaciones de grandes especialistas en el ámbito de las señales corporales, en particular en las del psicólogo belga Joseph Messinger (1945-2012), podemos afirmar que, permaneciendo atentos a nuestro cuerpo y al de los demás, lograrás dar la impresión que deseas y descifrar los mensajes no verbales emitidos.

La silueta

- **La cabeza**. Aunque la mayoría de la gente inclina naturalmente y a menudo la cabeza, no se dan cuenta del mensaje que envían al hacerlo. Inclinada hacia la derecha, se refiere al polo racional; hacia la izquierda, apela a lo emocional. Finalmente, mantenerla alta transmite una seguridad y una confianza en uno mismo que puede rozar el desdén. Por ello, no se aconseja utilizar esta última postura demasiado a menudo, ya que corres el riesgo de parecer agresivo y arrogante. Durante una reunión, vela por que tu cuerpo nunca manifieste sumisión corporal: la cabeza baja, por ejemplo, se traduce por renuncia o derrota, y recuerda a la abnegación de un escolar o a la de un niño frente a la autoridad, y también puede revelar tristeza.

- **Los hombros.** Cuando estás sentado ante un cazatalentos es inútil dar la impresión de cargar el mundo sobre nuestros hombros. Elévalos, échalos hacia atrás y relájalos. Hincha ligeramente el torso y esfuérzate por estar siempre recto, hasta que se convierta en algo natural para ti. Así te mostrarás digno y atento.

- **El tronco.** Si una sonrisa es el comienzo y un apretón de manos sella un acuerdo, el resto del cuerpo está obligado a transmitir el mismo mensaje. Si quieres que tu interlocutor te aprecie y que tu implicación se vea reforzada, orienta todo tu cuerpo hacia él.

Cuando estés de pie, coloca tus pies al mismo nivel que tus caderas. Sentado, apoya los brazos en los reposabrazos. Siempre con elegancia, sé consciente del espacio que te rodea, abre tu cuerpo al exterior. Cuanto más te dediques a tu espacio, más poder irradiarás e impondrás tu autoridad. Este es un ejemplo de lo que llamamos las «posturas de fuerza». Si deseas ampliar tus conocimientos en el tema de la toma de conciencia de tus movimientos, no dudes en consultar el trabajo del Dr. Moshe Feldenkrais (1904-1984).

El rostro

- **La sonrisa.** La boca cerrada, los labios y dientes apretados: esta sonrisa no te llevará lejos. Entonces, ¿cómo distinguir una sonrisa sincera de una sonrisa hipócrita? La primera dura algunos segundos en el rostro cuando el origen del rictus ha desaparecido, mientras que la sonrisa forzada desaparece inmediatamente. De la misma forma, aunque es normal mostrar los dientes superiores cuando sonreímos de manera sincera, las sonrisas que muestran toda la dentadura —como las de las estrellas de Hollywood— a menudo son falsas. Cuidado, porque cuando te encuentras bajo el efecto de la ansiedad, podrías dar la impresión de que estás sonriendo cuando en realidad tus músculos faciales están fijos. Intenta aplicar este pequeño truco antes de esa reunión que temes: date un corto masaje facial, haciendo movimientos ligeros de abajo hacia arriba. Finalmente, si tu interlocutor no parece dispuesto a devolverte la sonrisa, no le des ninguna importancia a corto plazo.
- **Las pupilas.** Unas pupilas dilatadas transmiten emociones positivas, un interés o una disponibilidad que puede revelar una atracción. *A contrario*, las pupilas contraídas resaltan emociones negativas, como miedo, indiferencia, asco o incluso mentira.
- **La mirada.** La dirección de la mirada dice mucho sobre lo que piensa el interlocutor.
  - Hacia arriba a la izquierda, la reflexión se dirige a una situación ya vivida.
  - En el centro, a la nada, la persona duda, se hace preguntas.

- Hacia abajo a la izquierda, intenta elegir y está envuelta en un diálogo interno.
- En el centro hacia la izquierda, está entendiendo.

Según Allan Pease (nacido en 1952), especialista australiano en lenguaje corporal, los hombres que mienten tienden a bajar la mirada, mientras que las mujeres la levantan.

Las extremidades

- **Los brazos.** La forma en la que utilizas tus brazos es un indicador para toda persona que esté delante de ti. Revela hasta qué punto te muestras receptivo a su discurso.
  - Si colocas los brazos a lo largo de tu cuerpo, transmites que te sientes cómodo y que no te da miedo aprovechar las oportunidades que se te pudieran presentar.
  - Al cruzar los brazos, al contrario, envías un mensaje negativo: parece que estás a la defensiva y, por tanto, que no estás receptivo a la información que se te transmite.
  - Si tus palmas se dirigen ligeramente hacia arriba cuando mueves los brazos, parecerás abierto y simpático.

LO QUE HAY QUE EVITAR

En una entrevista, el espacio reservado al candidato se limita a la silla en la que se sienta. Evita, por tanto, apoyar los codos en la mesa; este gesto podría parecerle extremadamente invasivo a tu interlocutor. De la misma forma, cuando hagas gestos al hablar, mantenlos en la esfera más próxima a tu cuerpo, para evitar que tus movimientos parezcan incontrolados.

- **Las manos.** Según los estudios de Susan Goldin-Meadow (nacida en 1949) y de sus colegas del departamento de psicología de la universidad de Chicago, el hecho de estar en movimiento ayuda a algunas personas a que su cerebro funcione mejor (técnica conocida por los actores que se aprenden sus textos andando): esta «externalización» ayuda a nuestros procesos mentales. Así, en una entrevista en la que probablemente no tengas la posibilidad de pasear por la habitación, no dudes en gesticular —sin exagerar— para estimular tu cerebro.

La simbología de las manos

IMPRESIONES POSITIVAS		IMPRESIONES NEGATIVAS	
Colocar las palmas de la mano a la vista, hacia el interlocutor	inspira CONFIANZA	Colocar las manos entre las piernas	FALTA DE SEGURIDAD
Colocar las manos en las caderas, si estás en posición de escucha activa	CONSIDERA-CIÓN e INTERÉS	Colocar las manos sobre las caderas	DOMINACIÓN
Juntar las manos en forma de triángulo	con las puntas hacia arriba, ACCIÓN; orientadas hacia abajo, ATENCIÓN	Colocar el dedo índice en la punta de la nariz	INTERROGA-CIÓN
Apoyar los ante-brazos en línea recta	AUTOCON-FIANZA	Cruzar las manos	NECESIDAD DE PROTECCIÓN
Ubicar las manos a lo largo del cuerpo	DESENVOLTURA y ELEGANCIA	Guardarse las manos en los bolsillos	FALTA DE CON-SIDERACIÓN
Utilizar las manos para apoyar el dis-curso oral	reforzar la ATENCIÓN y la MEMORIA del interlocutor	Jugar con un objeto (folio, bolígrafo, etc.)	ESTRÉS

IMPRESIONES POSITIVAS		IMPRESIONES NEGATIVAS	
Estrechar la mano, con la palma ligeramente girada hacia arriba, y ajustar la presión	APERTURA y CONSIDERACIÓN	Saludar utilizando las dos manos	AMISTAD y EMPATÍA, pero puede percibirse como invasor
Guardar las manos entrelazadas en la espalda	CONFIANZA, DOMINIO y DOMINACIÓN	Tocarse una parte del cuerpo (pelo, lóbulo, etc.)	DUDA, RESERVA, ABURRIMIENTO o GANAS DE SEDUCIR
Frotar las manos la una contra la otra	PREDICCIÓN OPTIMISTA	Poner el índice en la sien y el pulgar en el mentón	ABURRIMIENTO o EVALUACIÓN
Tomar notas esporádicamente	INTERÉS	Garabatear en un cuaderno	FALTA DE COMPROMISO

- Además, tus manos poseen una evidente fuerza «exterior». El tacto es, de hecho, una de las señales no verbales más primitivas: te permite dar una buena impresión desde el primer contacto, creando un vínculo único con tu interlocutor. Así que préstale atención a la manera en que das un apretón de manos, que es prácticamente el único contacto físico comúnmente aceptado en el ámbito profesional.

EL APRETÓN DE MANOS

Si se hace correctamente, el apretón de manos deja una impresión positiva en la otra persona. Para ello, conviene evitar:

- **la mano floja**. Estrechar una mano floja no es agradable y a menudo revela un carácter débil. Sin embargo, tampoco hay que ejercer demasiada presión, porque correremos el riesgo de parecer agresivos o dominantes;
- **la mano húmeda**. Son muchos los que entran en pánico antes de una entrevista importante, y el mensaje que transmiten mediante un apretón de manos húmedas traiciona su estado de ánimo. Un pequeño truco para evitar este incómodo detalle: mete tus manos en agua fría, frótalas con un poco de talco o llévate un pañuelo para secártelas justo antes de la reunión;
- **una postura corporal equívoca**. No te quedes sentado cuando le estrechas la mano a alguien y evita también inclinarte por encima de la mesa. Es habitual que la persona de más edad o aquella cuyo estatus sea más elevado sea la primera en tender la mano.

- **Las piernas**. La idea de que las piernas cruzadas, al igual que los brazos, son una señal de defensa y de distancia está muy extendida, por lo que hay que matizar algunos detalles:
  - si se cruzan a la altura de las rodillas, incluso en una entrevista, representan una postura clásica que transmite decencia y, en particular en el caso de los hombres, denota un cierto estilo;
  - si tanto las piernas como los brazos están cruzados, transmite una señal de cerrazón;

- cuando una pierna doblada descansa sobre el tobillo a la altura de la rodilla de la otra pierna, revela relajación o un espíritu competitivo y competente. Por otra parte, esta postura masculina no es muy elegante;
- las piernas doblemente cruzadas —esto también vale en posición vertical— pueden transmitir incomodidad y necesidad de autoprotección;
- dobladas bajo la silla, se traducen en una cierta timidez o inseguridad;
- si tienes que quedarte de pie mucho tiempo, como durante una presentación, se recomienda que te apoyes sobre los dos pies y que evites inclinarte sobre una cadera o balancearte de derecha a izquierda.

- **Los pies**. Contrariamente a lo que podríamos pensar, es imposible que pasen desapercibidos. Junto con tus manos, son las partes de tu cuerpo que más señales transmiten. A partir de ahora, evita balancearte de un pie al otro, o aún peor, dar golpes con el pie. Este último comportamiento revela un sentimiento de enfado, nerviosismo o exasperación y, en muchos casos, corre el riesgo de molestar a tu receptor. Cuando mantengas una conversación de pie, préstale especial atención a su posición.

La simbología de los pies

IMPRESIONES POSITIVAS		IMPRESIONES NEGATIVAS	
Paralelos y bien fijados en el suelo	PRESENCIA	Enganchados en las patas de la silla	TIMIDEZ
Alineados con el suelo, en posición sentada, espalda recta	CONFIANZA	Dirigidos hacia la puerta	DESEO DE HUIDA
Orientados hacia tu interlocutor	VOLUNTAD DE COMUNICAR con él	Quedándose dirigidos a un primer interlocutor cuando un tercero se une a la conversación	FALTA DE APERTURA (en relación con el que llega)

INTIMIDAD A LA MEDIDA

LA PROXEMIA O PROXÉMICA

El neologismo «proxemia» designa el conjunto de observaciones y de teorías relacionadas con el vínculo del hombre como producto cultural específico y el espacio en el que se desarrolla.

Según Edward T. Hall (antropólogo estadounidense y padre de la proxemia, 1914-2009), a quien le debemos este neologismo, las distancias físicas entre las personas determinan cuatro zonas espaciales diferentes. Transgredirlas provoca reacciones de agresividad o de huida, discretas o evidentes. Por tanto, tenerlas en cuenta es un valioso paso, ya que permite establecer una comunicación respetuosa y acogedora.

Las cuatro zonas espaciales de Hall

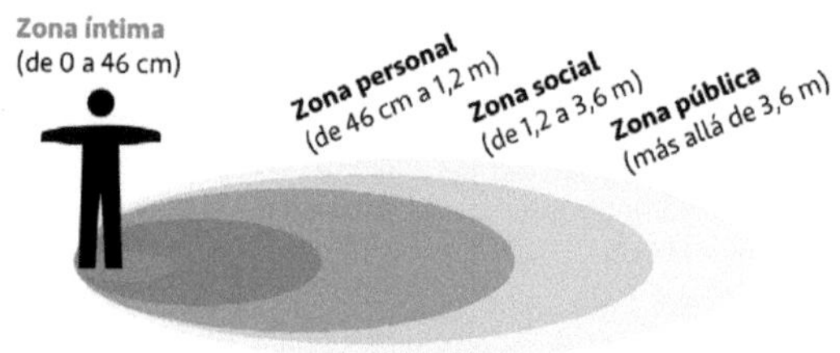

Cómo mejorar la comunicación con el lenguaje corporal ©50MINUTOS.es

- **La zona íntima, entre 0 y 46 cm,** reservada a las relaciones privilegiadas (familia, pareja y amigos muy cercanos).
- **La zona personal, entre 46 cm y 1,2 m,** en la que se encuentran las relaciones estrechas (amigos, colegas que pasan tiempo juntos fuera de la oficina, etc.)
- **La zona social, entre 1,2 y 3,6 m,** en la que se encuentran los conocidos. A esta distancia, nos sentimos seguros y en general dominamos nuestras emociones.
- **La zona pública, más allá de los 3,6 m**, en la que se sitúan las interacciones a nivel de grupo (durante una presentación o una exposición) o entre perfectos desconocidos.

A pesar de que esta teoría sigue proporcionando una referencia generalizada, el propio Hall nos recuerda que las distancias varían dependiendo de las culturas: por ejemplo, en los países latinos, y más aún en los africanos, los cuerpos a menudo se aproximan más que en los países nórdicos.

Ser conscientes de nuestra distancia límite así como de la de nuestro interlocutor es primordial si no quieres dar pasos en falso. Fíjate en la distancia a la que este último se ubica espontáneamente cuando empiece tu entrevista y observa si se va acercando a ti a lo largo de la conversación. La media de estas dos medidas te indicará la distancia ideal para la conversación.

EL CUERPO POLÍGLOTA

Aunque a menudo la ira, la alegría, la tristeza, el miedo, el asco o la sorpresa se pueden leer con facilidad en el rostro de la gente, independientemente de su origen o de su cultura, podemos observar especificidades propias a cada una de ellas. Esto se comprueba a menudo incluso entre las diferentes etnias de un mismo país. De hecho, desde un punto de vista filogenético, algunos movimientos de los músculos faciales, que son los que usamos para expresar un sentimiento o una necesidad, parecen ser hereditarios. Por ejemplo, es bien sabido que, al contrario que los pueblos germánicos, escandinavos y anglosajones, los mediterráneos utilizan más la expresividad de su cuerpo para comunicar.

Ahora no te costará entender que hay que evitar los choques interculturales en momentos cruciales, como en una entrevista profesional. Además, antes de comenzar a trabajar en el extranjero, infórmate al máximo sobre los usos y costumbres del país en cuestión: prestarle atención se percibe como respeto y apertura a los demás, y puede marcar la diferencia.

- **El caso particular de los suecos.** Los suecos privilegian discursos sobrios y bajo control, y no parecen ser fervientes seguidores de las formas de comunicación no verbal. Por ejemplo, en una conversación cara a cara, tienden a mantener una cierta distancia entre ellos para no invadir el espacio del otro. Así que, excepto por el apretón de manos, evita tocar a tu interlocutor.
- **El caso particular de Japón.** Mientras que en Europa parecería impensable no mirar a los ojos de la persona a la que se le habla, no sucede lo mismo en Japón. En este país, muy jerarquizado, la costumbre dice que no hay que mirarse a los ojos, sino más bien a la altura del cuello. A esto se le añaden otros consejos:
  - sentado, procura no mostrar las suelas de tus zapatos (este consejo también es válido para los países árabes), ya que está visto como una gran falta de educación;
  - evita todo contacto físico siempre que tu interlocutor no te invite a hacerlo;
  - no te obligues a rellenar los espacios de silencio. Estos pueden parecer incómodos a ojos de los europeos, pero son particularmente apreciados por los japoneses, que los consideran momentos muy valiosos.

EVITA LAS INTERPRETACIONES PRECIPITADAS

La morfopsicología (método que busca correspondencias

entre la apariencia física y el carácter de un individuo), el análisis morfogestual (que explora la personalidad a través del análisis de sus aspectos corporales expresivos y evolutivos) y, sobre todo, la sinergología (disciplina reciente del ámbito de la comunicación cuyo objetivo es descifrar el funcionamiento de la mente humana mediante el análisis de la estructura de su lenguaje corporal), son todas disciplinas que pueden proporcionar pistas de reflexión sobre el significado de las señales corporales. Pero no hay que darlo todo por sentado.

El término «conocimiento» es sinónimo de prudencia: ve con cuidado con las interpretaciones precipitadas, que pueden llevar a malentendidos. Por una parte, una misma señal puede significar varias cosas dependiendo de la situación y del contexto sociocultural y, por otra parte, cada individuo posee su propio estilo de expresión. A partir de ahora, vela por contextualizar siempre los mensajes no verbales.

Para ilustrarlo, retomemos nuestro ejemplo de un simbolismo a través de los brazos cruzados. Si bien numerosos estudios coinciden al decir que se trata de un gesto defensivo, esta misma postura puede significar lo contrario si el torso está muy recto e inclinado un poco hacia atrás. Según el psicólogo estadounidense David McNeill (nacido en 1933), esto envía una señal de invulnerabilidad. Pero también puede ser que esta señal sea la que la persona busca para entrar en calor o para relajarse.

LOS MEJORES CONSEJOS

- Prueba la técnica del efecto espejo o *mirroring*. Intenta ponerte en el lugar de la persona a la que te diriges, y de sentir lo que ella siente al ver la expresión de tu rostro, tus gestos y tus movimientos.
  - **Antes de una entrevista**, ponte en condiciones reales frente a una persona que sea lo suficientemente crítica como para hacerte progresar. También puedes grabarte o colocarte ante un espejo. Esto te permitirá descubrir qué gestos son susceptibles de traicionarte cuando llegue el día clave.
  - **Durante una entrevista**, intenta adoptar una postura y una gestualidad similares a las de tu interlocutor, evitando imitarle y siendo siempre sutil y natural. Hay estudios —sobre todo en el ámbito de la programación neurolingüística— que de hecho han demostrado que las personas que están de acuerdo tienen tendencia a utilizar el mismo repertorio gestual con una cuasi-sin-cronización temporal. Y es que, a menudo, cada cual busca su igual.
- ¡Sonríe! No subestimes el poder de la sonrisa —tanto con la boca como con los ojos— durante una reunión, porque le indica a los demás que eres alguien accesible, coopera-tivo, positivo y simpático.
- Sé expresivo. Establece y mantén contacto visual directo y franco con tu interlocutor para transmitirle que estás abierto al debate y atento. Cuando le tiendas la mano, mantén el contacto visual. No obstante, ten cuidado de no fijarla con demasiada insistencia para evitar cualquier

sentimiento de incomodidad.

- Considera tu apretón de manos como tu primera tarjeta de visita. En el mundo profesional, aunque es frecuente saludar a una persona estrechándole la mano, no deja de ser importante darle a este gesto un cierto estilo, ya que el apretón de manos debe ser firme y breve.
- Privilegia actitudes que le inspiren una cierta apertura a tu interlocutor. Posiciona tu cuerpo de manera expansiva. Las investigaciones llevadas a cabo en las universidades de Northwestern (2001) y Columbia (2010) también han demostrado que nuestras posturas no solo dependen de nuestro humor y nuestro estado emocional, sino que también pueden influir en ellos. Dicho de otra forma, el hecho de sacar pecho, por ejemplo, nos puede hacer ganar orgullo y confianza en nosotros mismos. Además, el nivel de testosterona —la hormona que está relacionada con el bienestar y con otros sinónimos de poder— aumenta, mientras que el nivel de cortisol —la hormona del estrés—, disminuye.
- Deshazte de todo objeto superfluo. En una entrevista, son muchos los que tienen un objeto entre las manos para intentar canalizar sus emociones. Sin embargo, sería más sensato tener las manos libres para que acompañen armoniosamente tus palabras o que estén simplemente apoyadas en tus muslos.
- Opta por una postura distinguida y convincente. La espalda recta da una impresión de presencia, de confianza en ti mismo y de seguridad. Asimismo, ya sea durante una conversación a solas o durante una reunión de grupo sentados alrededor de una mesa, permanece elegante, con la espalda erguida, los hombros relajados y la cabeza

alta. Cuando andes, fíjate un punto en el horizonte y mira recto hacia adelante.

- Adopta un *código de vestimenta* adecuado. Tu elección de vestimenta —además de tu figura y de tus gestos— será analizada por tu interlocutor, que no podrá pasarlo por alto. Por tanto, tu estilo debe ajustarse al puesto que has solicitado o, en términos más amplios, al contexto en el que se inscribe el encuentro. Dicho esto, no te arriesgues demasiado a pasar por lo que no eres. Durante un encuentro profesional, lo más importante es sentirte cómodo con lo que llevas y tener un aspecto cuidado.

UNA CUESTIÓN DE FRAGANCIA

Si no conoces los gustos de tu interlocutor, opta por un perfume ligero —o ninguno— para evitar perfumar la habitación de un olor que podría no gustarle o influirle inconscientemente.

- Haz de la relajación y de la concentración tu credo. Dado que no suele ser agradable ser espectador de pequeños gestos y tics recurrentes —como colocarse diez veces un mechón de pelo detrás de la oreja, cubrirse la boca cuando se sonríe, tocarse el cuello—, piensa en controlarte y en relajarte respirando con tranquilidad para no alterar a tu interlocutor. Además, esto también te desconcentra a ti aunque no siempre te des cuenta.
- Privilegia en toda circunstancia la coherencia de tu discurso para que su impacto sea lo mayor posible. Tus gestos y tus palabras deben estar en armonía. Tus gestos,

utilizados para destacar un punto clave o para puntua-
lizar una frase, siempre tendrán que ir perfectamente
sincronizados con tus palabras.

PREGUNTAS FRECUENTES

¿CÓMO CAMUFLAR MI ANSIEDAD PARA QUE PAREZCA QUE CONFÍO EN MÍ MISMO?

> «Aunque me di cuenta de la importancia del lenguaje corporal y después me formé para aprender a dominarlo, sigo presentando señales de ansiedad en mis encuentros profesionales. Este miedo visceral se traduce en gestos nerviosos, sequedad bucal, temblores, transpiración y tensión muscular. Durante esos momentos, ¡tengo la impresión de que ya no soy capaz de controlar mi cuerpo!».

Superar el estrés es fundamental cuando se acercan reuniones importantes. Para evitar que tú mismo sabotees tus propias entrevistas, prepáralas con inteligencia y elimina lo desconocido.

- **Atenúa los signos visibles de estrés.** De hecho, puedes aprender a atenuar esta sensación de angustia y, de la misma manera, los muchos y molestos signos somáticos. El estrés se alimenta de imprevistos potenciales, por lo que tienes que esforzarte, antes de toda entrevista, por informarte sobre tus futuros interlocutores y sobre sus intenciones y ambiciones. Paralelamente, cuida de tu cuerpo para estar en plena posesión de tus medios los días de reunión: piensa en descansar y en relajarte —destensa los músculos, respira profundamente para oxigenar tu cuerpo, haz ejercicios de meditación, duerme, come ligero, etc.
- **Vencer la ansiedad.** Para realizar un verdadero trabajo

de fondo, se recomienda practicar actividades (teatro, música, danza, deporte, etc.) que te animen a escuchar «hablar» o «expresarse» a tu cuerpo, y que te sitúen delante de un público. El objetivo de esto es que seas consciente de los límites de tu cuerpo para poder dominar lo que está a su alrededor. Así, el estrés tenderá a desaparecer progresivamente en la acción e incluso podrá convertirse en un verdadero motor.

En otras palabras, transforma la ansiedad en una ventaja y no intentes acabar con ella (porque es imposible): vívela y canalízala para que esa tensión que antes te parecía negativa se transforme en energía positiva. La adrenalina se encargará de todo lo demás.

¿CÓMO ELIMINAR LOS TICS QUE CAPTAN INÚTILMENTE LA ATENCIÓN DE MI INTERLOCUTOR?

«En nuestras reuniones de empresa, mi responsabilidad es presentar el estado de progreso de los proyectos en marcha. A pesar de que se trata de un ejercicio iterativo, no logro eliminar mis tics, siempre me distraen y molestan a la audiencia».

Los tics, que expresan en este caso un sentimiento de angustia pasajera, pueden ser numerosos y de muy distinta naturaleza. Para deshacerse de estos incómodos parásitos, es necesario atravesar varias etapas:

- **primero, ser consciente de los tics.** En cuanto lo hagas, ya habrás recorrido medio camino;

- **segundo, haz regularmente ejercicio para relajarte.** Practica disciplinas relajantes (yoga, etc.) centrándote en tu respiración, o regálate un masaje relajante el día anterior a tu intervención en público;

- **tercero, prepárate al máximo —sin llegar a aprenderte el texto de memoria—, repasa en voz alta aprender a apreciar lo que es entusiasmar y convencer a la audiencia.** Una excelente preparación será muy valiosa para aumentar tu confianza y realizar una prestación convincente: si garantizas el control de tus palabras, también controlarás, sin darte demasiado cuenta, tus manifestaciones nerviosas;

- **cuarto, cultiva tu encanto**. Durante tu presentación, canaliza tu energía en la elección de las palabras, la entonación de tu voz y la coherencia gestual. Mira a aquellos a los que te diriges a los ojos, procurando dedicarle la misma atención a toda tu audiencia y cambiar a veces de persona a la que te diriges (técnica enseñada sobre todo en el mundo del espectáculo).

Si sufres tics nerviosos ligeros, involuntarios e imperiosos —pero difíciles de controlar—, que se repiten, idénticos, sin ritmo y que aparecen de manera constante más allá del momento de la actuación, deberías saber que tus oyentes los pasarán más fácilmente por alto que aquellos que se supone que se pueden controlar.

¿QUÉ ACTITUDES HAY QUE EVITAR PARA HACER QUE UN COLEGA EN UNA POSICIÓN JERÁRQUICA INFERIOR SE SIENTA A GUSTO?

«Soy jefe de empresa, y creo que un nuevo empleado está sufriendo acoso psicológico. Me gustaría poder hablarlo con él, asegurándome de inspirarle la mayor confianza posible pero manteniéndome en mi papel de empleador».

Para que te perciban como una persona de confianza accesible, y que lo hagan a pesar de tu superioridad jerárquica, aprende a evitar algunos gestos, actitudes y posturas que puedan parecerte naturales en otros contextos:

- colocar las manos detrás de la espalda o cruzar los brazos, porque pueden significar un deseo de que nadie se acerque;
- rehuir la mirada, que puede transmitir que no le das importancia a lo que te dice tu interlocutor;
- estrechar la mano con la palma girada hacia abajo, porque puede indicar una intención de dominación;
- reclinarse en la silla, porque se puede considerar como una manifestación de poder;
- colocar las manos en las caderas, porque puede expresar una seguridad que puede intimidar;
- meterse las manos en los bolsillo, porque envía una imagen despreocupada e inspira desconfianza;
- invadir el espacio personal de tu interlocutor. Por ejemplo, hablándole a 10 cm de su cara, porque puede percibirse como una falta de respeto y de consideración;
- no sonreír, porque esto hace que la gente parezca seria,

cerrada, antipática e insensible.

¿CÓMO CONVENCER A UN CLIENTE DE QUE MI PRODUCTO ES EL MEJOR?

«Conozco bien los puntos fuertes de mi producto y estoy convencido de su eficacia y de la ventaja que representa para un cliente potencial. Sin embargo, mi discurso comercial parece ser contradicho por mi actitud corporal: mi cuerpo, tenso y nervioso, traiciona mi argumentación y no logro convencer a mi interlocutor».

Vestido/a con un traje elegante y sobrio —y en el que te sientas a gusto contigo mismo/a—, dirígete con confianza a tu cliente. Fija tu mirada en la suya, regálale una sonrisa franca y natural y ofrécele un apretón de manos perfecto (firme, suave y seco, signos de tu autoconfianza), esencial para dar una primera impresión positiva. Puede que, en esta fase del encuentro, ya te sea posible entrever algunos indicios de la personalidad de tu interlocutor (su disponibilidad, sus gustos, etc.).

Estabiliza tu postura: los pies ligeramente separados en forma de V si estás de pie, o la parte baja de la espalda apoyada en una silla, con el pecho abierto, si estás sentado. Ubícate delante del cliente e intenta, sin incomodarle, acercarte lo más posible para colocarte en su zona personal.

Cuando transmitas los mensajes importantes, opta por medir tus gestos —exprésate, por ejemplo, dirigiendo las manos hacia tu cliente— e intenta adaptarte a su aptitud corporal (el *mirroring*) para lograr conectar con él y crear un vínculo especial. No pierdas de vista que tu objetivo es ganarte su confianza.

Aprende a mostrarte persuasivo adaptando tu discurso a la mirada que le diriges a tu interlocutor y mantente atento para descifrar a tu alrededor lo no dicho. Obsérvale bien para identificar los argumentos y los gestos que no dejan indiferente a tu cliente potencial.

¿CÓMO PRESENTAR UN PROYECTO DELANTE DE MIS COLEGAS?

«Durante las presentaciones de proyectos ante mis colegas, a menudo tengo la impresión de que se aburren y de que mi audiencia solo espera una cosa: que mi intervención se acabe».

En primer lugar, intenta saber si tu audiencia se aburre de verdad detectando eventuales señales no verbales inequívocas: pies dirigidos hacia la salida, ojos que miran el reloj, miradas huidizas, manifestaciones de agitación, balanceos en la silla, cambios constantes de postura, brazos cruzados, cabeza inclinada, etc. Es posible que juzgues con demasiada severidad los gestos de tu público, así que a partir de ahora préstale atención a las interpretaciones precipitadas —por ejemplo, un dedo en la barbilla, el índice en la sien o una ligera inclinación de cabeza suelen ser manifestaciones de interés— que puedan parasitar tu intervención. Durante una presentación, piensa como regla general en:

- **suscitar interés**. Esfuérzate por suscitar en tu audiencia un interés constante, incluso pasión. Para hacerlo posible, es primordial que domines perfectamente el tema y que creas en lo que dices, que sonrías con naturalidad y que te mantengas tranquilo y relajado. Hazlo y pronto te darás cuenta de que tus gestos concuerdan con tus palabras;
- **crear un clima de confianza**. Imagínate presentando tus ideas ante alguien con el que mantienes una relación de confianza. Alimenta el estado de ánimo en el que te encuentras cuando hayas terminado esta puesta en escena, porque te ayudará a establecer una relación auténtica con tu público y a agradarle.
- **insuflar una dinámica positiva.** Mira a tus colegas a los ojos, sé animado y haz que tu presentación sea dinámica ocupando el espacio del que dispones. Vela por que cada uno de tus movimientos refleje el contenido de tu discurso y acércate lo máximo posible a tu audiencia. Cuanto más sientan tu proximidad, más inclinados estarán a escucharte y a participar. No te olvides de variar tus gestos, intentado siempre identificar el estado emocional del público.

¿CÓMO DESCIFRAR EL COMPORTAMIENTO DE MI INTERLOCUTOR?

«En la empresa en la que trabajo, reina un fuerte espíritu competitivo que por desgracia a veces se traduce en comportamientos poco leales: retención de datos, malentendidos a propósito que llevan al error, mentiras, etc. En este contexto y para detectar las verdaderas intenciones de mis colegas, pienso que si aprendo a descifrar adecuadamente su comportamiento podré distinguir lo falso de lo verdadero».

Para descifrar el comportamiento de tu interlocutor, tendrás que demostrar una gran prudencia, porque las interpretaciones precipitadas y sin fundamento pueden colocarte en una mala situación. Así, si durante tu conversación tu interlocutor manifiesta incomodidad, nerviosismo o una seguridad más exuberante que lo normal, puede que no esté siendo totalmente sincero contigo.

- **Detectar la incomodidad**. Las barreras simbólicas (brazos, mesa, etc.), la cabeza gacha, la mirada fijada en un punto, una postura en la que las piernas están en ángulo recto con respecto al cuerpo, unas manos agitadas, así como los ojos entornados o una aceleración del ritmo de parpadeo, son señales que revelan malestar.
- **Detectar el nerviosismo**. Gesticular o pasarse las manos varias veces por el pelo pueden ser síntomas de ansiedad, sobre todo si esos gestos se acompañan de otros signos como temblores, exceso de transpiración, respiración agitada, sequedad bucal, etc.
- **Detectar un comportamiento que esconde otro**. Recostarse en una butaca o bostezar varias veces son comportamientos que pueden ser señales de una desenvoltura que sirve para cubrir un malestar o un engaño. De hecho, dado que las palabras no siempre logran convencer eficazmente, los que buscan disimular algo pueden recurrir a una desmesurada gestualidad que produce un efecto teatral, y que al menos desvía un momento la atención de los interlocutores.
- **¿Detectar una mentira?** Aunque siempre hay que evitar

sacar conclusiones basándonos solo en nuestra intuición, son muchas las señales que pueden alertarnos de una mentira potencial.

◦ Toda manifestación de nerviosismo, sobre todo si no está justificada, puede plantear interrogantes.

◦ Las actitudes ambiguas e incongruentes también merecen una atención particular: un movimiento de cabeza que va en contra de lo que la persona afirma, la falta del efecto «espejo», el parpadeo más rápido de lo normal, fruncir las cejas provocando pequeñas arrugas efímeras en el centro de la frente.

◦ Los intentos de camuflaje de expresiones son los comportamientos más elocuentes: frotarse los ojos sin razón aparente, cubrirse la boca con una mano, etc.

¡AHORA ES TU TURNO!

Descubre tres ejercicios que te servirán para mejorar radicalmente la expresividad de tu lenguaje corporal.

PRIMER EJERCICIO: LA VIDA MÁS ALLÁ DE LOS PIES

Cuando camines, deja de fijarte en tus pies y oblígate a mantener la cabeza bien erguida para poder fijar tu mirada en el horizonte. Ganarás presencia y apertura hacia el mundo, y darás un giro a tus encuentros:

- tu mirada irá naturalmente hacia la de la persona que se encuentre delante de ti, lo que le dará la impresión de que te interesa y enviarás una imagen positiva. Para evitar incomodarla, rompe de vez en cuando el contacto visual, mirando a otro sitio, hacia la derecha o hacia la izquierda;
- tu mirada tímida tendrá que encontrar la manera de afrontar con valentía la situación. ¿Por qué no probar con la siguiente técnica? Fija un punto exacto entre los ojos de la persona que está delante de ti, evitando pasar de un ojo a otro constantemente, hasta que te acostumbres a la situación.

SEGUNDO EJERCICIO: EL OBSERVADOR NO PARTICIPANTE

Instálate cómodamente en un lugar en el que tengas la posibilidad de mirar a la gente sin tener que interaccionar necesariamente con ellos: una universidad, un medio de transporte, un grupo de gente, un bar, etc. Observa minuciosamente a cada persona de arriba abajo. ¿Qué mensajes transmiten sus cuerpos?

Repite el ejercicio, en esta ocasión viendo la televisión:

- **La observación**. Ve, por ejemplo, un programa de entrevistas quitándole el sonido.
- **La interpretación de las señales**. A continuación, define los rasgos de personalidad (dominante, arrogante, autoritario, convincente, tímido, sumiso, seductor, etc.) basándote únicamente en tus observaciones sobre el lenguaje corporal de esas personas. Después, intenta seguir el programa sin imágenes, basándote esta vez solo en los diálogos. Atribuye de nuevo rasgos de personalidad a las personas cuyas voces estás escuchando.
- **Resultados.** ¿Los rasgos de personalidad se corresponden en ambos casos? Aunque es probable que llegues a las mismas conclusiones, ¿no ha sido más fácil atribuir los rasgos de personalidad a las personas viéndolas actuar en un espacio preciso que escuchándolas?

TERCER EJERCICIO: DESCUBRE TU DISTANCIA LÍMITE

Para evaluar dónde se encuentran las fronteras de tu espacio vital, realiza este ejercicio con una persona con la que no consideres que seáis íntimos. Colócate a varios metros de ella y comenzad a hablar. Deja que se acerque poco a poco hasta que dejes de sentirte a gusto. Calcula ahora la distancia que os separa para averiguar los límites de tu esfera íntima.

Más tarde, coteja estos resultados con la realidad de tus diferentes intercambios cotidianos—desde un encuentro íntimo a aquel con un desconocido— para confirmar esta distancia límite.

¡Tu opinión nos interesa!
¡Deja un comentario en la página web de tu librería en línea,
y comparte tus favoritos en las redes sociales!

PARA IR MÁS ALLÁ

FUENTES BIBLIOGRÁFICAS

- Ekman, Paul. 2012. *Emotions Revealed: Recognizing Faces and Feelings to Improve Communication and Emotional Life*. Londres: Hachette UK.
- Gevrey-Guinnebault, Cécile. 2014. *Et si je faisais bonne impression! Communication non verbale. Mode d'emploi*. París: Eyrolles, colección *Et si*.
- Goldin-Meadow, Susan, Susan Levine y Steven Jacobs. 2014. «Gesture's Role in Learning Arithmetic". *Emerging Perspectives on Gesture and Embodiment in Mathematics*. Editado por Laurie D. Edwards, Francesca Ferrara y Deborah Moore-Russo. Carolina del Norte: Information Age Publishing.
- Hall, Edward Thomas. 1971. *La dimension cachée*. París: Seuil.
- Mehrabian, Albert. 1981. *Silent Messages: Implicit Communication of Emotions and Attitudes*, Belmont (California): Wadsworth.
- Messinger, Joseph. 1994. *Ces gestes qui vous trahissent*. París: First Éditions.
- Messinger, Joseph. 2002. *Le sens caché de vos gestes*. París: First Éditions.
- Messinger, Joseph. 2009. *Le dico illustré des gestes*. París: Flammarion.
- Pease, Allan. 1981. *Body Language: How to Read Others' Thoughts by their Gestures*, Sidney: Camel Publishing Company.
- Tardy, Martine. 2012. *Morphopsychologie. Traité pratique*.

Lire le visage et comprendre la personnalité. Escalquens: Éditions Dangles.
- Watzlawick, Paul, Janet H. Beavin y Donald D. Jackson. 1972. *Une logique de la communication.* París: Seuil.

FUENTES COMPLEMENTARIAS

- Carney, Dana R, Amy J. C. Cuddy y Andy J. Yap. 2010. "Power Posing: Brief Nonverbal Displays Affect Neuroendocrine Levels and Risk Tolerance". *NCBI*, vol. 21, n.º 10. Consultado el 1 de diciembre de 2016. http://www.ncbi.nlm.nih.gov/pubmed/20855902
- Huang, Li, Adam D. Galinsky, Deborah H. Gruenfeld y Lucia E. Guillory. 2011. "Powerful Posture Versus Powerful Roles: Which Is the Proximate Correlate of Thought and Behavior?". *Psychological Science*, vol. 22, 95-102.
- "L'importance du langage corporel". *Huxley.* Consultado el 1 de diciembre de 2016. http://www.huxley.com/fr/actualites-et-articles-de-fond/guides-de-carriere/reussir-son-entretien-d-embauche/l-importance-du-langage-corporel
- Página web de Joseph y Caroline Messinger. Consultado el 1 de diciembre de 2016. http://www.ecoledesgestes.com/
- Página web de OfficeTeam. Consultado el 1 de diciembre de 2016. http://m.officeteam.fr/accueil
- Página web de Paul Ekman. Consultado el 1 de diciembre de 2016. www.paulekman.com
- Pierson, Marie-Louise. 2003. *L'intelligence relationnelle.* París: Eyrolles.

¡APRENDER NUNCA ANTES FUE TAN RÁPIDO!

www.en50minutos.es